JN440942

물떼새 자국 읽으며

이창선: 1950년 제주시 도남동 출생, 2011년 〈시조시학〉에 「텃새」 당선, 대구시조시인협회 전국 시조공모전 입상, 한국문인협회 제주도지회 시조부문 신인상 등단, 2015년, 2024년 제주문화예술재단 창작기금 수혜. 시조집 『우리 집 별자리』, 『물장구 포물선』, 『물떼새 자국 따라』, 2023년 시조시학 작품상 수상, 제주돌문화공원소장 역임, 한국시조시인협회, 오늘의시조시인회의, 한국문인 협회제주도지회, 제주시조시인협회 회원.
E-mail : 511108a@naver.com
H.P : 010-3699-8487

다층현대시조시인선 011

물떼새 자국 읽으며

발행일 2024년 4월 30일
지은이 이창선
펴낸이 김동진
펴낸곳 도서출판 다층
등록번호 제27호
주소 (63211)제주특별자치도 제주시 오복5길 10, 1층
전화 (064)757-2265/FAX(064)725-2265
E-mail dc2121@empas.com

ISBN 978-89-5744-112-1 03810

값 12,000원

* 지은이와 협의하여 인지를 생략합니다.
* 이 책은 Jeju 제주특별자치도와 제주문화예술재단으로부터 제작비 일부를 지원받았습니다.

다층현대시조시인선 011

이창선 시조집

물떼새 자국 읽으며

다층

* 페이지 시작과 끝부분에 >표시는 연을 구분하는 표시입니다.

시인의 말

1

마음을 가다듬어 시조를 더듬으면
그 누가 기다려줄까
나의 말 나의 마음
먼 훗날 손자가 자라 느낌을 말해줄까

2

마음을 달래려면 품위 있는 시 한 수로
외로움 저버리고
한세월 엮어내면
희망의 기쁨과 사랑 독자에게 다가갈까

2024년 봄
이창선

차례

제3부 바람꽃 지다

제4부 원시로의 복귀

제5부 꿈꾸는 월야

제1부 물이면 물, 오름이면 오름

젖줄

압록강 두만강은 두 형제의 피붙이
한족은 단군 혈통, 만주벌 연변까지
서서히 동간도까지 아우르는 종지 윷판

토막난 나무토막 썩은 지 75년 세월
압록강 두만강이 갈라져 흘러간다
하늘에 맞닿은 천지 내 가슴이 아리다

꽃 중의 꽃

시들어 피는 꽃은

우스리스크 고려인

모진 풍파 벗삼아

3, 4대를 키워온

구절초 시들지 않는

강인한 꽃 중의 꽃

나의 로드맵(road map)

역사에 길 있듯이
나만의 길이 있다
작지만 큰 소리로
목놓아 외쳐본다
탐라의 이음 문화에
길을 여는 쇠 종소리

방향을 잃었을까
빙빙 도는 나침반
문학을 배달하는
수레꾼이나 되어볼까
그렇게 오뚝이 되어
찍어놓은 발자국

화성암

일출봉 분출하며
화성암 심신 반응

수 개의 형상석*을 가슴에 품어 앉아

세계적
자연유산과 대면하며 자란다

* 수 개의 형상석 : 새바위, 콧구멍바위, 코끼리바위, 곰바위, 하마바위, 두더지바위, 남경·음문 바위, 왕관바위 등

물이면 물, 오름이면 오름

원추형 화산체가 깔때기 역할이듯
백수 선생 시낭송에 시심이 고여든다
정이월 용눈이 오름에 얼음새꽃 피운다

부녀가 함께 찾은 그날의 생생한 기억
서른에 올랐던 오름, 아흔에 다시 오른다며
선생은 백수구천에도 시의 집을 지으신다

물처럼 사시면서 산 돌에도 시를 빚는
백수의 푸른 혼불 경배하며 오른 오름
억겁을 겪고 겪으니 백 주년이 빛나다

생존의 법칙

손에든 새우깡을
한입에 낚아채며
갸릉갸릉 노래하는
뱃머리 괭이갈매기
오륙도 샹그릴라인 듯
바라보는 저 눈빛

습지의 하늘 위를
지배하는 포식자
먹이 찾아 헤매는
저 갯벌의 갯지렁이
낙동강 가슴을 펼쳐
흘러드는 저 몸짓

수국

휴애리 수국 세상
다시 침묵 깨운다

빗방울 적시고 간
그 꽃길 걸어가면

땡볕을
저만치 밀어낸
푸른 생을 읽는다

여기서 바람 따라
온 탐라를 떠돈다

크고 작은 오름까지
긴 혀 꺼내 핥아주고

휴애리
배 깔고 앉아
근심 주워 먹는다

탐라의 사계

- 봄

연못은 소금쟁이 개울은 가재의 집
봄 햇살이 그리워 나들이 나선 올챙이
상춘객 올레길 따라 봄 햇살을 펼친다

- 여름

갈맷빛 숲 우거진 휴양림 접어들면
피서객 반겨 주는 산새들 합창 소리
서로가 어우렁더우렁 살아가는 낙원의 숲

- 가을

흰머리 나부끼는 만추의 산굼부리
그 길에 정물처럼 앉아 쉬는 노부부
노루도 썸을 타는지 머루알을 굴린다

- 겨울

흰 눈이 내려앉은 은빛 세상 고수목마
미추도 높낮이도 순백에 묻혀 간다
설원을 달리고 싶은 조랑말이 꿈꾼다

농부의 시작법

뜨거운 태양 아래 밭이랑 갈아엎듯
시 노래 가슴속에 닿도록 파묻으면
풀잎이 아침 이슬을 머금은 듯 영롱해라

산 너머 뭉게구름 참꽃을 피워내니
들새가 날아들어 시 공부 같이하자네
헛된 꿈 꾸지 말아라 절로 익는 홍시 있나

깃털처럼 촐싹대는 가벼운 마음으로
새들이 시를 쓴다 덤벼들면 안 되느니
천지를 경영하면서 시의 씨를 뿌려라

평등의 조화

꽃들은 곱다 궂다
등급이 부질없다

그들은 자기들만
조화를 이뤄내어

평등한 세상을 찾아
끝없이 피고 진다

제주어 시낭송

산지천 용천수에
바다를 응시하며
참새처럼 짹짹짹
어린이들 시낭송
파장을 그리며 샘솟던
용천수가 고요해

고사리 같은 손을 펼치며 웅변하듯
제주어 시낭송은
내일의 푸른 꿈 열어
제주어
유네스코 등제
찬란한 꿈 열겠지

마름모꼴

대왕암 해녀포차*
일출봉 우뭇게*를
만약에 한 부부로
살게 할 수 있다면
김영철
동네 한 바퀴
터뜨릴 빅뉴스다

해삼 멍게 안주보다
대왕교 벗을 삼아
허니문 정취에
취해가는 아침 노을
바다는
바캉스 계절
울산과 제주 만삭이다

권형 척(尺)

새싹이 자라나며
하늘 향해 팔 벌리듯

사랑도 익어 가면
새싹 피듯 피어난다

그 무게
권형 척에다 매달면 얼마 될까

제2부 불멸의 꽃향기

불멸의 꽃향기

아무리 난향이 그윽히 풍긴다 해도
문인들 장르별 피는 문학 꽃이 더 좋아
꽃향기 시들어가면 詩 향기만 못한 법

한세월 풍랑의 골 깊고 깊다 하지만
방향키 잘 잡고서 힘차게 나간다면
난바다 거센 풍랑도 무탈하게 잠들겠지

부자 만들기

주사위 던지듯이
호기심을 유발한
증시가 새가 날 듯
고공을 상승하더니
추락한
한 마리 새는
하늘만 쳐다본다

구름처럼

바람아 마파람아
내 너를 품어 안아
잔술에 취한듯이
갈지자로 걷다 보니
내 몸은 염화나트륨
그대로 굳어버려

아무리 인생길이
골 깊다 하지만은
떠가는 구름처럼
천천히 흐르면서
휴대폰 전등 밝히듯
앞길도 환하겠지

헤겔의 변증법

세 살 버릇 여든 간다
습관이 씨가 된다
생각의 고정관념
사회적 행동양식
주장이 반정립 되는
우월감과 차별성

인간의 존엄성과
양성의 인권침해
생물학적 차이와
성역할의 공동양식
이성과 경험의 복합
인식론을 찾아야지

숨바꼭질

양성평등 증거 찾자
평등은 숨바꼭질

컴에다 저장해둔
사연을 찾아가면

누구든 보편타당한 규범 안에 숨는다

가는 세월 속 머문 곳

반세기에 사반세기
더 하니 일흔다섯
강물처럼 흐르는
세월이 속절없어
이를 곳 아득하여라
그려보는 종착점

경지에 들었다는
일흔다섯 그 나이가
인생길 황금기라
그 누가 말하는가
여기서 그냥 머물면
고장난 벽시계

늦가을

솔오름
찔레나무 영실이 영글어가니

개머루 장과도 마음이 변색한 듯

길 잊은
은발의 사내
휘날리는 바람꽃

천마(天馬)의 계절에

1
빌딩 숲 옥상 위로
파랑새 날아가듯
조랑말 몇 마리가
참 좋은 계절인 듯
좋아서
고수목마를
비상하듯 날뛴다

2
가을장마 오더니
갈기 젖은 조랑말
철 잃은 기상변화에
순리는 거짓인 듯
인간이
팬데믹 때문에
꿈마저 사라지듯

계절의 조화

자연의 아름다움
사계가 말해준다

하늘의 솜털 구름
하트되어 흐른다

인간의 러브스토리
계절 따라 변한다

나뭇잎의 설움

우수수 지는 낙엽
푸른 계절 어제인 듯

건장하던 내 친구
부음을 싣고 왔네

인생길 덧없다는 걸
나뭇잎은 말하다

한(恨)의 세월

아무리 강조해도
시간의 흐름에는
자연적 녹아나는
무색한 건강백서
백수(白壽)의 김형석 교수 강연 속에 깨달음이

붙잡지도 못하는
세월을 어쩔 건가
장수들 가는 세월
앞에는 할 말 일어
한마디 나이야가라 잔말 말고 조용히

벚꽃이 흩날린다

대학로 벚꽃이 가슴에 스며든다
학생들 새 학기로 걸음이 빨라지듯
나 또한
새로운 길을
개척하며 걷는데

백설이 날리듯이 벚꽃이 휘날리니
눈꽃 속의 질퍽한 길 걸어걸어 가는 듯
그 길은
싸락눈보다
매섭고 따가웠다

바다 비늘*

바다의 하늘 창이 푸르게 떠 있으니
인어들이 햇빛에 비늘을 반짝이듯
저 하늘
내 안에 모아
우렁우렁 일렁여

그 바다 돌고래 떼 무적의 용사처럼
배알로 소리 맞춰서 점핑을 즐긴다
물비늘
반짝이는 곳
나의 꿈도 영근다

* 바다 비늘: 바다를 보면 햇빛에 고기비늘 반짝이듯 바닷물이 반짝이는 현상

어부바

어부바 내 손주를
굽은 등에 들쳐 업듯

한여름 즐겨 뛰던
메뚜기도 어부바

하나에
둘이 겹치는 세상
손안에 든 손오공

알뜨르 비행장
— 격납고에서

불발탄 못 터트린 알오름 모퉁이에
유언도 유서도 없이
그대로 묻혔습니다
칠석날 견우직녀 만나던 그날 밤* 통곡 소리

알뜨르 평화공원
오곡이 무르익는 날
어둠을 밝히는
시화전* 격납고에서
이곳에 평화상징인 카모마일*꽃 심어

* 그날 밤 : 1950년 음력 7월7일 송악산 섯알오름(1945. 8. 15. 일본 패망 후 8월 29일 미군에 의해 폭파된 탄약고)에서 132명이 유언도 없이 무참히 학살되던 날
* 시화전 : 2023. 10. 14. 대정현문학회와 바람난장과 함께 함
* 카모마일꽃 : 평화와 조화의 상징인 동시에 참을성과 인내심을 심어 주는 꽃이다.

제3부 바람꽃 지다

추사 적거지에서

고구마 창고 닮은
추사의 적거지엔
짝 잃은 잣나무가
황량히 다가와서
빨랫줄 간당거리듯
내 마음을 퉁긴다

한파의 잣나무도
새움이 돋아나듯
유배의 18년에
추사체가 익어가고
올레길 발자취 따라
금잔옥대(金盞玉臺) 고와라

송백에 얽혀있는
아름다운 우정이여
연못의 달그림자
아득한 추억처럼
내 삶의 뒤란을 따라
문득문득 비춘다

세한도를 볼 때면

맘대로 영산홍꽃
불 놓은 이 봄날에
바람도 눈이 부셔
여길 그냥 못 가는지
몇 차례
멱살을 잡듯
꽃가지를 흔든다

유배 왔던 발길들도
아득히 흐른 물결도
물방아 돌아가듯
옛날로 갈 순 없다며
마지막
편지를 쓰듯
혼불 같은 세한도

송악산
— 알뜨르 비행장

그 누가 조선 동포 황국신민 만들었나
내 고향 알뜨르에 격납고 설치하고
특공대 가미카제에 덜컥덜컥 겁주던 곳

조부님 손톱으로 송악산에 굴을 파고
조모는 톳을 캐러 바다에 들었을 적
밤부리* 날아오를 때 방공호를 찾던 곳

아! 이곳이 알뜨르 비행장 트라우마형(型)
일제가 남긴 상처 눈물 속에 아롱지네
이제는 용서는 하되 잊지 말라, 송악산아!

* 밤부리 : 잠자리 제주어, 여기서는 가미카제를 뜻함

송악산
— 비둘기 통신사

알뜨르 가미카제
비둘기 통신사는
지하 벙커 속에서
항일을 모의했다
평화를
구원하는 새
비둘기는 우리 편

전시엔 비둘기가
통신사 역할했지
요즘은 인공지능
해결해 주는 세상
그 일을
비둘기도 한다
두 날개가 빛난다

송악산
— 섯알오름

끓다가 또 끓다가
삼중화산 되었나

전쟁으로 무고히 학살된 암매장터

가마솥
쇠뼈 우려내듯
숭숭 뚫린 송악산

송악산
— 99봉

파도치는 소리에
선잠을 깨우는 산
환란의 응어리는
99봉에 서려 있다
석굴의
산방덕이도
칠석날을 그린다

흐르는 세월 따라
역사의 뒤안길에
진지동굴 보면서
관광객 스며드니
묻는다
너는 어쩌다
가슴 펑펑 뚫렸느냐

송악산
— 진지동굴

송악산 해안 절경 둘레길 경관 따라
숭숭숭 구멍 뚫려 황돔의 허파 같아
그 누가 뚫어 놓았나 그리움의 벌레들

강점기 왜놈들이 수작에 암이 되어
영원히 치유 못 할 병집이 되었구나
절우리 바닷물만 늘 약 인양 들마신다

4.3은 말한다

4.3의 피비린내
동백꽃에 묻었다고

봄가을 끊임없이
울어 예는 직박구리

들어서
들어서 알고
들어도 모른 돌부처

4.3은

4.3의 싹쓸바람
어디서 불어왔나

반딧불 꽁무니에
불빛만 보았어도

날 새며
주동자 찾아
싹쓸이했던 그때의 한(恨)

바람꽃 지다

죄 있어도 죽었고
죄 없어도 죽었다

죄 있어도 사라졌고
죄 없어도 사라졌다

4 · 3은
피기 위해서
몸부림친 열병이다

자그만 꽃이지만
한 생의 살림살이

곶자왈 습한 계곡에
숨어서 피었는데

어디서
불어온 바람
동백꽃을 떨구는가

4.3의 노래

해마다 봄이 오고
그 봄날 지나가면
유채꽃 노란 환상도
까마귀 울음소리도
비설에
동백꽃 지듯
가뭇하게 사위는가

귓전을 후벼대던
총성의 파란 초연
해마다 봄이 오고
그 봄날이 지나가도
누명 쓴
님들의 넋은
멍자국만 남기는가

빨갱이가 머우꽈?

총소리 팡팡 나도
밭디서 일 했수게
옆 동네 똑똑했던 치호아방 잡아갔주
그 말이 무슨 말이우꽈
이유나 물어 봅주

이웃의 아버지와
아들 다 죽어가도
그때는 무슨 때문인지도 몰랐수다
노 증인 할머니 울멍
빨갱이가 머우꽈?

불빛

우리 할망 ᄀᆞᆫ기를
ᄉᆞᆯ각불도 못 싸났져
불빛만 빈찍 허민
경찰광 군인들이영
ᄎᆞᆽ아댕경 잡아갔져

산에 ᄀᆞᆸ았당 밤이민
ᄆᆞ실로 ᄂᆞ려왕
먹을 거 ᄃᆞ라
먹을 거 내노라
ᄉᆞ삼은 우리덜끼리
먹을 거 ᄂᆞᇂ앙 ᄃᆞ투왔져

웃드리 베롱헌 불
아방 심으레 와신디
정지문 솔째기 ᄋᆞᆯ앙
도세기집에 곱아시난
ᄎᆞᆽ아도 못 ᄎᆞᆽ아부난
멩 질게 살았주기

[표준어 번역] 우리 할머니 말씀하시기를/어두워지면/솔각불도 못 켰지/불만 반짝하면 (눈) 벌겋게 찾아다니는/경찰과 군인들//산에 숨었다가/밤이면 마을로 내려와서/음식을 달라/음식을 내놓아라/사삼은 우리들끼리/먹을 거 놓고 다툰 거지//산간마을 불빛이 반짝이니/(너희) 아버지 잡으러 왔는데/부엌문 살짝이 열고/돼지 집에 숨어 버리니/아무리 찾아도 못 찾아서/명 길게 살았지

뭣도 모르고
— 4.3의 회상

색깔이 무엇인지 농사꾼 뭣 모른다
쟁기와 호미에도 죄를 덧칠하여
암흑의
동굴 속에서
살아야만 했었다

한(恨)의 세월 어떻게 밝혀낼 수 있을까
아무도 대답 없는 어둠의 현실 속에
동굴 속
삶의 시간(屍諫)*을
임금에게 증언해

*시간 : 자신을 죽여서까지 임금에게 간언함

수형인

— 박춘옥

75년 한의 세월 눈물로 증언하는
한 노인 던진 한마디 4.3이 머우꽈?
죄 어신 똑똑한 사람 잡아당 다 죽였수게

두 살 난 아들 데령 곳찌 간 전주형무소
아픔과 고통 어떵 말로다 ᄀ를 것꽈
그 설음 당하지 않고 말로 허영 몰라마씀

아방도 죽어 불곡 고생허멍 살단 보난
그 아들 일흔여섯 ᄀᆞᆮ이 ᄀᆞᆮ이 늙엄수다
4.3이 무언지도 모르는 아흔셋의 수형인

[표준어 번역] 75년 한의 세월 눈물로 증언하는/한 노인 던진 한마디 4.3이 뭡니까?/죄 없는 똑똑한 사람 잡아다가 다 죽였어요//두 살 난 아들 데리고 같이 간 전주형무소/아픔과 고통 어떻게 말로 다 이를까요/그 설움 당하지 않고 말로 해선 모를텐데//아버지도 죽어 버리고 고생하며 살다 보니/그 아들 일흔여섯 같이 같이 늙어갑니다/4.3이 무언지도 모르는 아흔셋의 수형인

제4부 원시로의 복귀

원시로의 복귀

인간의 양성평등
세계적 실천 서약
미물인 도롱뇽도
무성생식 하느니
영장류
우리 인간은
어딜 거쳐 왔는가?

동물이나 인간의
삶이란 같은 거라
지구촌 인간의 삶
종 다양성 만든다고
아득한
원시사회를
꿈꾸는 자 누군가!

삶

여름밤 멍석 깔고
온 가족 마당에 누워
새근새근 별 하나
나 하나 별 둘 나 둘
세다가
별들의 꿈속 헤매며 잠이 든다

꽃들은 어찌해서
꿈꾸며 피어날까
봄이면 나처럼
긴 잠을 자다 보니
소년 때
나도 모르게
건강하게 잘 자라

산다는 것은
— 삶의 인식 계기

교래리 휴양림을 속가슴 펼쳐 보니
칡넝쿨 엉킴처럼 엉켰던 내 삶처럼
곶자왈 다람쥐같이 슬그머니 숨어 있다
단정한 집을 후빈 칼바람 소리에도
불안한 마음 모두 혈 밖으로 보내고
조금씩 꽃 피운 풍경 사랑이 펼쳐진다
산다는 건 콩란처럼 엉키어 붙어사는 것
형형한 그리움을 마음에 담아두어
오늘도 쳇바퀴 돌듯 돌아가는 세상사

삶의 의미

자타가 삶의 길이 다르다 하겠지만
깨달음을 느끼지 못하는 인생이란
살아도 살아있는 게 아니라는 것처럼

발끝이 부르트도록 시조의 길 걷다가
고희가 지나가면 내 가치가 달라질까
어쩌면 생명이 다된 나무에도 생기 돌듯

삶은 여행이다

구암사(鳩巖寺)* 해탈문에 새겨진 문자다
상만리 오층석탑, 부처 사리 조형물탑
모두가
여행 느낌표 역할을 하고 있다

입구에 비자나무 나이가 610년
천 년 전 세웠다는 그리운 그곳 돌아보니
중요한
수호천사의 역할을 하고 있다

* 구암사 : 전라남도 진도군 임회면 상만리 675번지에 있는 사찰

생명과 부처님의 가피

경자년 7월 11일 11시 반 차에 튕긴 나
하늘이 노랗구나 의식의 끈을 잡고
황천길
오르내리다
잠겨버린 나의 늪

넌지시 눈을 뜨자 부신 빛 눈이 잠겨
내가 왜 여기 왔지 몽상에서 깨어나
생명은
부처님 가피가
소통과 감응인 것을

부활

노을에 춤을 추는 하루살이 군상(群像)들
그 속에 휩쓸려 미물로 살아왔다
욕망이 자라나면서 높아가고 빨라간다

티베트 불교의 전설이 파드마삼바바*는
이상향인 연꽃에서 다시 부활하여
중생을 구제해가며 이상사회 만든다

말 없는 소유욕 그마저 부질없다
남북극 빙하들이 맥없이 무너진다
마음의 어리석음은 부처님 가운데 토막

* 파드마삼바바(Padmasambhava) : 티베트 불교에서 등장하는 인물로, 부처는 자기가 죽은 뒤 '파드마삼바바(蓮華生)'라는 이름으로 부활할 것이라고 말했다. 전설에 따르면 파드마삼바바는 연꽃 봉우리 안에서 태어난 부처님이라고 한다.

괄호 안 인생

스님은
나를 보며
( ) 밖 사람 같다기에
날마다 관음정사 찾아가 부처님께
부처님 손 안에 들기를 기도하며 절한다

어느 날
노스님*은
내 괄호 안을 보시는지
'어둠이 스며드니 (   )밖 세상을 보라'며
그 또한 (   )* 안 세상이 청명한지 거듭 묻네

* 노스님 : 관음정사 회주 효덕 스님
* ( ) : 합장의 의미

봉려관 스님

해월당 안봉려관 탄신 150회
신축년 일곱 돌 맞아 꽃핀 신행수기
뜨거운 불심이 살아
해월굴(海月窟)* 불 밝힌다.

중생은 부처님의 가르침 깨달은 듯
미물도 귀의하면, 공덕을 쌓아 올리듯
스님은 사바세계를 품고
석상으로 앉아있다.

* 해월굴(海月窟) : 조계종 제23교구 관음사 경내에 있는 작은 굴, 봉려관 스님은 관음사 창건하기 전 이곳에서 수행 정진함.

법정사지 고사리

서귀포 법정악* 한라산 둘레길에
고지천 옆 산중에 봉려관*이 세운 절
도린곁 무너진 돌담 고사리만 무성해

항일 항쟁 수단을 꽃 피우기 위해서
김연일*의 거룩한 뜻 실행에 앞선 스님들
서귀포 순사 주재소*에 서릿발을 내리다

무오년 그 모습이 선명하게 오는 오늘
우리는 이 빈터에 무엇을 새겨 놓을까
먹먹한 가슴 헤집는 고사리가 부럽다

* 법정악: 서귀포시 하원동 산1-1번지
* 봉려관: 비구니(1863~1938)는 1908년 관음사, 1911년 법정사를 창건, 제주불교 중흥조이며 애국자이시다.
* 김연일: 법정사 주지
* 순사 주재소: 일제강점기 경찰서

관음정사 1

불타는 태양이 동지점을 통과하는
남반구엔 밤이 길고 북반구엔 낮이 짧은
이런 날 극성한 음양기를 달래려 달래려고

양기가 새로 생겨 새로운 새 일 년이
다시 또 시작됨을 알리는 날 관음정사
사찰에 가족과 함께 동지불공 드리고

샐심 팥죽 먹으면 입맛이 좋아진다
내 몸에 온갖 잡귀 쫓아내고 액운 면해
해마다 동짓날이면 찾아가는 관음정사

* 새:알—심 (—)【명사】 찹쌀·수수 가루로 새알만 하게 덩어리를 지어 팥죽에 넣은 것. 【준말】샐심.

관음정사에서 2

기운이 산자수명(山紫水明)
도령ᄆᆞ루* 넓은 땅에
초파일 손자 손잡고
정수리에 향수 따르며
내세의 금자탑 쌓는 비손하는 마음이여

하늘 땅, 온갖 동물들도
이날을 경배한다
초심의 씨를 덮고
쌓인 업 털기 위해
마음 밭 법(法)의 쟁기질
발원의 씨앗 심는다.

* 도령ᄆᆞ루 : 제주시 제주국제공항 입구에 있는 해태동산

대원사의 봄

쌓인 눈 녹아가니
봄을 알리는 목탁 소리
대원사* 연못가엔 개구리알 영글고
써리봉 골짜기엔 찬 기운이 감도는데

지리산 산 봄소식
산수유꽃 피었구나
노고단엔 하얀 세상 걷는 소리 사각사각
대원사 계곡 물소리 따라나선 상춘인생*

* 대원사 : 경남 산청군 삼장면 대원사길 455(지리산 대원사 여행 시)
* 인생(寅生) : 인년(寅年)에 태어난 작가를 말함.

마름모꼴
– 울산 시조

대왕암 해녀 포차
일출봉 우뭇게를
만약에 한 부부로
살게할 수 있다면
김영철
동네 한 바퀴
터뜨린 빅 뉴스다

해삼 멍게 안주보다
대왕교 벗을 삼아
허니문 정취에
취해가는 아침 노을
바다는
바캉스 계절
울산 제주 만삭이다

산행

이 가을 산이 나를
다시 부른 뜻은

차안과 피안 사이
넘나드는 바람처럼

무거운 짐 다 내려놓고
수급불유월(水急不流月)* 하라는

* 수급불유월(水急不流月) : 인생은 유수와 같이 흘러가지만, 참된 것은 흐르지 않는다.

제5부 꿈꾸는 월야

서귀포 1
— 회상

그날의 서귀포는
꿈꾸는 월야였다
천진스런 아이처럼
삼매봉에 올라서
장수별 바라보면서
어리둥절 하였지

등허리 간질이면
달려간 소정방도
솔오름 넘을 때도
그리움이 묻어났지
새섬 앞
돌고래 쇼는
바다의 공짜 선물

노을이 물들 때면
나 또한 짙은 놀빛
시 공원 길 걸으며
꽃잎을 주어 모으듯
의식이
내재 속에서
술래잡기 하였지

서귀포 2
— 외돌개

칠십리 시 공원은
시비로 봄을 캔다
우뚝 선 대장군도
외돌개 바위섬도
연둣빛
시 노래들을
바다로 띄워 보내면

외로운 물새들도
외로운 외돌개도
오관을 열어놓고 시 노래 청취한다
너와 나
아련한 서경(敍景)
수묵화로 번지고

난바다 숨비소리
문섬과 새섬 새로
연둣빛 갯내음을 한 아름 품을 즈음
한라산
백설도 녹아
홍매화를 피운다

서귀포 3
— 시로 봄을 캐는 날

훨훨훨 나비같이
서귀포 유전(遺傳)의 봄은
기해년 스무 번째
詩로 봄을 노래한다
칠순의
발자국 따라
시로 봄을 캐는 날

서귀포 4
— 그런 봄 그런 노래

서귀포 올레길 7코스를 걷다 보면

칠십리 시 공원에
명시를 보게 된다

갯바람
찝찔히 맞으면
시 노래로 풀린다

서귀포 5
— 봄이 오는 길목

훈풍에 귤 내음이 코끝을 간질인다
시 공원 시비(詩碑)에 시 노래를 흥얼대며
칠십리
올레길 따라
바닷가를 걷는다

그 누가 이 길을 좋다 나쁘다 했는가
해마다 詩로 봄을 여는 곳, 갯내음 타고
한라산
백록담까지 머물면서
꽃 피워

서귀포 6
— 새섬의 꿈

해수위 수십 만년
닻 매인 선박이다
돛대 위에 펄럭이는 물새들의 깃발인가
머나먼 출항을 꿈꾸는 작은 섬이 예있다

밀물과 썰물의
간조대를 조율하며
가꿔오는 삶의 늪에 생을 여는 목숨인가
해녀의 숨비소리가 오늘따라 경이롭다

새섬의 심지 같은
한결같은 마음으로
오대양 육대주로 뻗고 싶은 로망인가
난바다 헤치고 오는 저 작은 배 보아라

서귀포 산조

청운의 꿈을 주던 서귀포는 타향인 듯
가는 곳 길을 몰라 낯설게 살다 보니
사는 게 이런 거라고 눈짓하는 삼매봉

괴롭거나 슬플 때는 세월을 낚으라고
노을빛 수평선에 낚싯줄을 던져보면
톡톡톡 입질을 하며 끌려오는 세연교

스쳐도 인연이라 갯바위 구럼비 꽃
잔술을 나누고픈 내 오랜 친구 되어
산등성 서리 내린 듯 다시 보니 아름답다

방선문 1
— 만추의 계절에

오곡백과 영그는 풍요로운 이 가을에
한라산 익은 단풍 들렁귀*에 흘러내려
그 향취 그대를 위한 그리움이라 이른다

하늘이 높아가듯 우리 마음 넉넉해도
행락 중 상처받는 말과 행동 없었겠나
오라리 직박구리가 참견하며 각각댄다

탱글탱글 맺힌 귤이 저절로 익었겠나
수눌음 전통 살려 상부상조 정신이라
한 축 낀 늙은 호박이 너털웃음 하하하

* 들렁귀 : 방선문

방선문 2
— 다시 찾는 오라

장마철 번개가 번쩍이며 우르릉 쾅쾅
백록담 왕관릉*계곡 찾아 흘러 흘러
한천길 꽃향기 싣고 오라동을 찾는다

옛적의 판관이나 관찰사 제주목사
시인 묵객 즐겨 찾던 계곡의 철쭉까지
산수화 배경이 되어 자연미를 돋우니

세월이 흐른다고 그 의미가 변하랴
바람과 비와 함께 우리가 만드는 것
들렁귀 걸을 때마다 너도나도 플로깅*

* 왕관릉: 1950m한라산 백록담에 왕관처럼 생긴 천연화석
* 플로깅: 거리에서나 자연에서 조깅이나 산책을 하며 발견되는 쓰레기를 줍는 운동, 우리말로 줍깅 joopging과 플로깅 plogging의 합성어로 "쓰담달리기" 2016년 스웨덴의 에리크 알스트룀에 의해 주도된 '플로가'에서 유래, 스페인에서 '플로깅'이라는 명칭으로 확산돼 건강과 함께 자연을 보호하는 운동이기도 함.

괴물

낮모른 도깨비가
깊은 숲에 모여든다

시나브로 재선충이
소나무 파고들어

봇물이
흘러나오듯
속수무책 대책 없다

3년 넘긴 코로나
괴물처럼 달라붙어

사랑도 적이 되어
좀먹을까 걱정이다

사람도
괴물 될까 봐
이 또한 고민이다

창궐했던 봄

미세한 코로나가
세상을 묶어놓아

방독면 쓴 외계인의
낯선 세상 도래하나

그래도
핑크빛 꿈에
밝은 해가 떠오른다

박테리아

내 마음은 너의 마음
금쪽같이 믿는다

한 방울 페니실린
결핵을 퇴치하듯

코로나
바이러스로
큰일 날지 뉘 알아!

노신사

카페를 기웃거리며
나는 아웃사이더인가
탈모 가린 빵모자가
돌하르방 벙거지다
불 꺼진 다방 지나니
반겨주는 공원등

보안등이 나처럼
외로이 졸고 있다
꽁지머리 빈티지가
예서 보니 외계인
막걸리 잔돌리기가
노인에겐 낭만이다

거지의 탈

주사위 던지듯이

호기심에 투자한

증시가 새가 날 듯

고공을 상승하다

추락한

새 한 마리가

허공만 바라본다

바람의 연문

샛바람 하늬바람
날아온 날갯짓에
그대에게 띄울 연서
매달아 볼까요
날아간 그 풍선 속에
담겨있을 한 마디는

햇빛에 반짝이는
드리고픈 여의주와
누구도 알 수 없는
내밀한 그 밀어를
간간이 새우처럼 뛰며
속삭이고 싶은 것

제6부 둥지 트는 봄

둥지 트는 봄

이런 봄 이런 여름
바람도 살랑살랑

보리밭 그늘 아래
알을 품은 까투리

장끼는
무얼 하는지 바쁜 해 저문다

백리(百里)길

인생길 허위허위 걸어도 7할이다
아직도 백릿길의 반 7십 리 고달픈 길
북극성 빛나는 길에 사바나 꽃이 필까?

토끼와 거북 경주 아름다운 이야기도
서로가 경쟁심에 발맞춰 나가는 것
시심에 불을 당기면 샹그릴라 이룰까?

만추

유년의
밤나무에
아람은 영그는데

산굼부리
억새꽃은
웬일로 스산한가

기러기
나래 소리가
묵화로 남은 오름에

머루 포도

어릴 때 생각나는

새콤달콤 머루 맛은

수묵화에 번져가는

초가을의 저녁 별

무시로 시상에 어려

날 고프게 하더라

렌즈구름

산남엔
축복에 꽃비가 내린단다

산북엔
렌즈구름 축복인 듯 떠 있는데

내 마음
마른장마는
언제쯤 걷히려나

땅따먹기

내 유년 적 운동장에 고누를 그려 놓고
짝꿍과 땅 따먹다 땡땡땡 종 울리면
탁 털고 입실하고는 안 한 척 새침했지

유치한 그 놀이도 옛 추억의 그림자로
내 마음 깊은 곳에 보물인 양 남아 있다
아이가 어른이라는 걸 일러주는 그 놀이

그런데 21세기 선진화된 지구촌에
땅따먹기 놀이하는 유치한 러시아여
동심을 회복하여라, 세계평화 위해서!

매미 울음

한여름 매미처럼
울다가 웃기도 했다

배고픔 달래다가
잠이 들곤 했었지

지금은
긴 여름 가고
매미 울음 사라져

밑알

앞 논에 잠자리도
암컷 찾아 날아든다

꼬리를 들썩이며
밑씨를 찾는 까치

나처럼
달콤한 사랑의
쉼표 하나 찍는다

손자

흐르는 한강 물이
바람결에 출렁인다

행주산 능선 따라
스치는 칼바람에

손자가 날을 보면서
조심해요 할아버지

환멸 유전

아버지 어머니는 노리개가 되었다가
생활의 황금기엔 오륜도 내 몰라라
흐르는
세월과 함께
버려지는 쓰레기

금처럼 보관했다 긴요할 때 꺼내 쓰는
그러한 장난감이 내 유산이 된다면
인생의
개똥철학도
황금마냥 빛날 터

모정

어머니 젖먹기가 그리도 힘들던 때
춘궁기 보릿고개를 넘지 못해 태어났다
배 터져 죽은 자식과 배고픔 뼛속까지

묵은쌀 떨어지고 햇곡식 익지 않아
초근목피 연명해도 윤사월 해는 길어
냉수로 배를 채우며 슬픔 젖은 어머니

늦 바람

봄바람 산들산들
님 바람 한들한들

늦바람 건들건들
님 가슴 벌렁벌렁

돼지도
구미호처럼
발정이 난 그 봄날

집에 셔?

어미가 먹이 찾아 나섰다 돌아온 듯
둥지 튼 참새들이 울짱서 지지배배
샛바람 세차게 불면
둥지 찾아 포르르

아버지 출타했다 돌아와 하는 말이
만년이 집에 셔? 나 잘 댕겨와서
집안에 사람 없어도
뚝 던지는 말
집에 셔?

텃밭에서 일을 해도 바람결에 묻어온 말
이심전심 주고받는 사랑이 가득한 말
오늘은 들바람 없이
빨리 돌아 왔구려

봄날은 간다

된서리 맞으면서 목댕기 두른 장끼
보리밭 그늘에서 까투리와 속삭이다
훈풍에 놀란 가슴에 까투리는 화들짝

엄마 품에 잠자던 새끼들은 부르르
장끼가 하는 말 자식들이 놀랐다며
바람에 나 또한 놀란 시린 가슴 쓸어내려

코로나19 퇴치

어지러운 세상에
눈 뜨고 야옹(野翁)될까

기승(氣勝)을 제압하는
팬데믹 유행으로

쇠퇴한
시골 늙은이
신의술만 바란다

고향

제주도 남서쪽에 신도리 꿈동산
노을빛 바다에 돌고래처럼 뛰놀며
먹이를 찾는 갈매기와 함께 살았네

모래벌 찾아드는 물떼새 자국 읽으며
강남서 둥지 찾은 한 쌍의 제비처럼
내 고향 샹그릴라에서 노후의 꿈을 꾸네

어둠과 슬픔을 건너는 제주의 봄노래

변종태(시인)

이창선 시인의 시조집 원고를 받아 읽기 시작하면서부터 내내 따라다닌 단어는 글로컬리즘(Glocalism)이다. 거창하다면 거창하다고 할 수도 있겠지만, 생각해보면 그리 엄청난 의미나 개념으로 읽어야 하는 말도 아니다. 글로컬리즘이란 세계화(Globalism)와 지역화(Localism)를 결합한 개념의 용어다. 세계화와 지역화의 장점을 찾아 발전시켜 가는 것으로 세계 속의 지역화(현지화)를 의미한다.

'가장 지역적인 것이 가장 세계적인 것이다.'라는 선언적 명제를 기억할 것이다. 돌이켜보면 대략 1990년대 초반 등장해 당대 사회문화의 갖가지 풍경들을 바꾸기 시작했다. 이 개념과 연계돼 CF에 등장한 '우리 것이 좋은 것이여'라는 카피가 유행어가 되고, 곧 '신토불이(身土不二)'란 단어도 유행하기 시작했다.

30여 년 전 우리는 이미 미래를 예견했던 것일까? 결국 K-Culture가 전 세계의 문화계를 강타하고 있는 요즈음의 현상을 보면서 우리가 있는 곳이 세계의 중심이라는 말이 비단 선언적 구호에 그치지 않음을 알 수 있다. 하지만 이러한 글로컬리즘을 위해서 가장 중요한 것은 공감의 형성일 것이다. 문화가 스미기 위해서는 우리 것이 좋다는 일방적 우김보다 공감을 위한 노력이 필요함을 기억해야 할 것이다.

이러한 의미에서 이창선 시인은 자신이 사는 제주에 천착한다. 시인의 시선으로는 제주가 예전의 변방의 개념이 아닌, 지역으로서 세계의 중심이 될 수도 있다는 믿음이 깔린 것으로 보인다. 제주에 대한 지속적 관심과 사랑은 그의 시세계 전반에 깔려 있다.

그뿐만 아니라 표현 형식은 자유시가 아니라 시조다. 주지하다시피 시조는 정형시로서 그 형식에 상당한 제약이 따른다. 자신의 생각과 느낌을 담아내기 위해서는 엄청난 인내와 절제를 요한다. 단순히 글자 수만 줄인다고 시가 되지 않는 형식이라는 얘기다. 이제 그의 시세계로 들어가 보자.

한 편의 시가 노래가 되기 위해서는 우선 시인의 시의 씨앗을 품고 가꾸고 다듬어야 한다는 것은 불문가지(不問可知)의 상식이다. 씨앗이 튼실하면 그 싹도, 열매도 튼실하리라는 것은 충분히 짐작되는 것이다. 씨앗을 파종하고 그것의 싹을 틔우고 꽃을 피우는 일은 오랜 농업의 역사에서 꾸준하게 연구되어 왔다.

미래학자인 앨빈 토플러(Alvin Toffler)는 1980년에 쓴 〈제3물결〉(The Third Wave)에 따르면 제1의 물결인 농업혁명은 수렵 채집사회에서 농업의 혁명적 발전을 통해 본격적 문명의 시대로 도래하게 되는 사회로의 혁명적 사회 변화를 가져왔다고 지적한다. 그 결과 초래한 물질적 풍요는 정신적 풍요를 기반으로 다종다양한 문화를 창출하는 원동력이 되었기 때문이다.

뜨거운 태양 아래 밭이랑 갈아엎듯
시 노래 가슴속에 닿도록 파묻으면
풀잎이 아침 이슬을 머금은 듯 영롱해라

산 너머 뭉게구름 참꽃을 피워내니
들새가 날아들어 시 공부 같이하자네
헛된 꿈 꾸지 말아라 절로 익는 홍시 있나

깃털처럼 촐싹대는 가벼운 마음으로
새들이 시를 쓴다 덤벼들면 안 되느니
천지를 경영하면서 시의 씨를 뿌려라
—「농부의 시작법」 전문

시 쓰기는 마치 작은 씨앗을 심어 성장하게 하는 농사와 같다. 이 작은 씨앗이 어떻게 커지고 결실을 보느냐에 따라 우리의 삶도 크게 좌우된다. 농사에서 배울 수 있는 인내와 노력이라는 가치는 시 쓰기에 있어서 더욱 중요한 의미를 지닌다. 그것은 목표를 향해 나아가는 여정에서 겪는 어려움과 성취의 순간을 통해 인간의 내면을 풍요롭게 만들어가는 과정이라고 할 수 있다.

"깃털처럼 촐싹대는 가벼운 마음으로" 쓰는 시는 누군가의 가슴을 울리기 어려울 것이다. 시를 쓰는 마음은

"천지를 경영하"는 일처럼 진중하고 진지한 것이라는 시인의 인식은 시를 쓰는 스스로의 다짐을 천명한 것으로 보인다.

그뿐만 아니라 이창선 시인은 세상에 관한 생각을 담담히 시화(詩化)하는 것으로 읽힐 수 있는 작품이 다양하다. 세상을 등수와 등급으로 정하는 경쟁주의에 대한 거부감이나 사해만인 평등주의를 품고 있다.

꽃들은 곱다 궂다
등급이 부질없다

그들은 자기들만
조화를 이뤄내어

평등한 세상을 찾아
끝없이 피고 진다
—「평등의 조화」 전문

조선조 황희 정승의 유명한 일화가 있다. 논에서 검은 소와 누렁소를 쟁기에 부려 논을 가는 늙은 농부를 만났다. 그는 농부에게 "검은 소와 누렁소 중에서 어느 소가 더 일을 잘합니까?"하고 물었단다. 그러자 농부는 밭갈이를 멈추고 황희가 있는 곳으로 다가와 귀에 대고 "누렁소가 더 일을 잘하오." 아주 작은 소리로 말하더란다. 황희는 농부에게 왜 굳이 그런 말을 다가와서 귓속말로 하느냐고 물었더니, "두 마리가 다 힘들게 일하는데, 한

쪽이 더 잘한다고 말한다면 다른 소가 기분 나빠하지 않겠소, 아무리 짐승이라지만 말은 함부로 하는 게 아니지 않소?" 하더란다.

사람들은 인간 중심주의로, 인간의 시각으로 꽃을 평가한다. 아니 세상 모든 사물을 사람을 평가한다. 그러면서도 정작 자신이 평가당하는 것은 극도로 싫어한다. 하지만 크든 작든, 화려하든 수수하든, 싸고 비싼지에 상관없이 꽃들은 "끝없이 피고 진다".

이러한 생각은 거창하게 인류적 박애주의를 말하는 게 아니다. 사소한 사랑의 감정 하나하나가 확장하고 폭발하여 인류적 사랑의 실천으로 승화되는 것이다. 먼저 자신을 사랑하고 가족을 사랑하고 이웃을 사랑하는 것은 저울로 달아 잴 수 있는 것이 아니지만, 우리네 인간들에게 없어서는 안 될 소중한 요소라는 것이다.

새싹이 자라나며
하늘 향해 팔 벌리듯

사랑도 익어 가면
새싹 피듯 피어난다

그 무게
권형 척에다 매달면 얼마 될까
—「권형 척(尺)」 전문

전통적 도량형으로 조선시대만 해도 다양한 척도가

있었다. 황종척(黃鐘尺), 주척(周尺), 영조척(營造尺), 조례기척(造禮器尺), 포백척(布帛尺) 등이 그것이다. 돈(3.75g), 냥(兩, 37.5g), 근(斤), 관(貫), 칭(秤) 등의 무게 단위를 나타냈다고 한다. 전통적 계량 단위든 서구의 미터법이든 누군가를 사랑하는 정서나 감정을 계측할 수는 없을 것이다. "새싹 피듯 피어"나는 사랑의 감정은 "하늘 향해 팔 벌리"며 온누리에 사랑의 씨앗을 뿌릴 수도 있을 것이기 때문이다.

이러한 박애 정신은 시인이 뿌리를 내리고 살아가는 지역사회의 사회와 역사에 관한 관심으로 이어진다. 역사적으로 제주는 숱한 고난과 아픔을 겪으면서 오늘에 이르렀다. 고려시대 몽골의 식민 지배를 비롯해 조선시대의 유배지로, 식민치하 일제의 수탈은 물론, 현대사 최대의 비극이라 할 수 있는 4.3에 이르기까지 제주 땅 어디를 가든 상처의 흔적은 고스란히 이 땅 구석구석에 남아 있다.

시인은 그중에도 제주의 서부지역에 있는 송악산에 눈길이 오래 머문다. 송악산 인근에 자리 잡은 곳곳에 서린 아픔을 줏줏이(아주 세밀하게) 살핀다. '알뜨르 비행장, 비둘기 통신사, 섯알오름, 99봉, 진지동굴' 등의 부제를 단 송악산 연작에서는 일제강점기와 4.3에 이르는 아픔을 절절하게 노래하고 있다.

송악산은 99개의 작은 봉우리가 모여있어 일명 99봉이라고도 하는데, 세계적으로 유례가 드문 이중 분화구의 화산지형이기도 하다. 올레 10코스를 따라 이어지는 송악산 둘레길을 걷다 보면 형제섬과 가파도, 멀리 최남단 마라도까지 볼 수 있고, 길이 험하지 않아 누구나 쉽게 오를 수 있어 제주를 찾는 이들에게는 최고의 관광 명소로 각광받고 있다.

그 누가 조선 동포 황국신민 만들었나
내 고향 알뜨르에 격납고 설치하고
특공대 가미카제에 덜컥덜컥 겁주던 곳

조부님 손톱으로 송악산에 굴을 파고
조모는 톳을 캐러 바다에 들었을 적
밤부리 날아오를 때 방공호를 찾던 곳

아! 이곳이 알뜨르 비행장 트라우마 형(型)
일제가 남긴 상처 눈물 속에 아롱지네
이제는 용서는 하되 잊지 말라, 송악산아!
—「송악산 — 알뜨르 비행장」 전문

알뜨르 비행장은 제주특별자치도 서귀포시 대정읍 상모리 일대에 있는 옛 비행장이다. 이곳은 일본 해군이 1931년부터 건설하기 시작하였고, 1937년 중일전쟁 초기 폭격기지로 사용하면서 1945년 일본 본토 결전 작전 준비 비행장으로 이용되었다고 한다. 알뜨르는 '아랫쪽'을 뜻하는 '알'과 '넓은 들판'을 뜻하는 '드르'가 합쳐진 말이다. 당시 일본군들이 제주도민들을 강제 동원하여 건설한 전투기 격납고 19기가 원형 그대로 보존되어 있다.

이 비행장을 건설하는 과정에서 지역주민들을 강제동원하여 당시에 지역민들이 겪어야 했던 고통은 형언하기 어려운 지경이었다고 한다. '밤부리'는 제주어로 잠자리를 뜻하는데, 여기서는 자살특공대인 가미카제를 의미하는 것으로 밝히고 있다. 결국 일제의 패전으로 그 역할이 크지 않았다고는 하지만, 만약에 전투가 치열했더라면 상상할 수 없을 만한 지역의 피해를 초래했을 것이다.

그 땅에 격납고를 설치하고 주민들은 "송악산에 굴을 파고" 엄청난 고통과 좌절의 시기를 견뎌야 했다. 아직도 남아 있는 알뜨르 비행장은 지역주민들이 농사를 짓고 있지만, 경작지 곳곳에 남아 있는 지하 벙커 통신시설과 중공군 포로수용소와 격납고는 그날의 기억을 고스란히 간직하고 있다.

끓다가 또 끓다가
삼중화산 되었나

전쟁으로 무고히 학살된 암매장터

가마솥
쇠뼈 우려내듯
숭숭 뚫린 송악산
—「송악산 — 섯알오름」 전문

알뜨르 비행장 바로 옆에는 섯알오름이 있다. 일본군이 1944년 말부터 대정읍 알뜨르 지역을 군사 요새화하는 과정에서 만들어진 탄약고 터인데, 미군의 폭파로 움푹 파인 곳이 예비검속에 의한 4.3 학살터가 되었다.

1950년 한국전쟁이 발발하자 전국적으로 보도연맹원을 체포 구금하는데, 당시 모슬포 경찰서 관내 한림·한경·대정·안덕 등지에서도 374명이 검속되었다고 한다. 이들 중 149명을 1950년 8월 20일 새벽 집단 학살하였다고 한다. 이날 새벽 2시경 한림지서에 검속되었던 63명도 이곳에서 학살당하여 이곳에서의 희생자는 212명에 이른다.

아름다운 풍경의 바탕에는 피의 냄새가 서려 있다는 말이 있다. 현재의 모습은 그지없이 아름답지만, 역사적으로는 엄청난 고통의 현장이었다는 것이다. 그래서 시인은 송악산이 그저 아름답게만 보이지는 않는다. 수많은 사람들이 학살당한 통증으로 자연마저도 치유되지 않은 상흔을 간직한 채 "가마솥/쇠뼈 우려내듯/숭숭 뚫린 송악산"이 되어버린 것이리라. 이 밖의 송악산 연작들도 역사의 아픔을 깊이 생각하게 하는 시들이다.

이러한 시인의 시선은 현대사 최고의 비극이라 할 수 있는 4.3에 오래 머물게 된다. 제주도민들은 4.3에 대해 언급하는 것 자체를 금기시했을 정도로 침묵을 강요당했던 시기가 있었다. 심지어 현기영의 소설 『순이삼촌』을 집필한 후 감금과 고문을 당하고, 발간된 후 14년

동안 금서로 지정이 되었을 정도로 4.3은 철저하게 금기의 영역이었다.

「4.3은 말한다」, 「4.3은」, 「바람꽃 지다」, 「4.3의 노래」, 「빨갱이가 머우꽈?」, 「불빛」, 「뭣도 모르고 — 4.3의 회상」, 「수형인 — 박춘옥」 등의 시편에서 시인은 4.3을 정면으로 다루고 있다. 동백꽃 빛깔로 물들었던 당시의 제주 현실을 시인은 가슴으로 절절하게 그려내고 있다.

4.3의 피비린내
동백꽃에 묻었다고

봄가을 끊임없이
울어 예는 직박구리

들어서
들어서 알고
들어도 모른 돌부처
—「4.3은 말한다」 전문

4.3은 지역사에서만 비극적인 사건이 아니라 세계적인 사건이었음을 기억한다. 제주이기에 일어났던 사건이 아니라, 세계사의 흐름에서 좌우 이데올로기의 충돌 지점이 하필이면 제주 지역이었다는 것이고, 그 과정에서 미국으로 대표되는 우익 세력들의 개입과 조선 남로당의 충돌 과정에서 무고한 양민들이 학살당한 비극적

사건이라는 것이다.

때가 되면 피고 지는 동백꽃과 "봄가을 끊임없이/울어 예는 직박구리"는 그 절절한 슬픔을 기억하고 온몸으로 추모하지만, 돌부처는 듣고도 모른 척 침묵할 따름이다. 이는 침묵을 강요당한 제주도민들의 억울한 심정을 극명하게 표현하고 있는 것으로 보인다.

그야말로 "죄 있어도 죽었고/죄 없어도 죽었다//죄 있어도 사라졌고/죄 없어도 사라졌다"(「바람꽃 지다」에서) "4.3의 싹쓸바람"은 "날 새며/주동자 찾아/싹쓸이"(「4.3은」에서)하는 만행을 저지른다. 하지만 도민들 대부분은 이데올로기가 무엇인지에 대한 자각이 없는 상태였다고 짐작할 수밖에 없다.

총소리 팡팡 나도
밭디서 일 했수게
옆 동네 똑똑했던 치호아방 잡아갔주
그 말이 무슨 말이우꽈
이유나 물어 봅주

이웃의 아버지와
아들 다 죽어가도
그때는 무슨 때문인지도 몰랐수다
노 증인 할머니 울멍
빨갱이가 머우꽈?
—「빨갱이가 머우꽈?」 전문

총소리를 들으면서도 밭에서 일을 하던 사람들, 조금만 깨어 있는 사람들이라면 빨갱이로 몰려 끌려가던 "그때는 무슨 때문인지도 몰랐"던 사람들은 마지막으로 증언하며 묻는다. "빨갱이가 머우꽈?"(뭡니까?) 당대 제주인들에게 이러한 이데올로기에 대한 자각이 있지 않았음은 당시의 문맹률을 통해 짐작해 볼 수 있다.

일제강점기인 1940년대에는 조선어 공교육이 완전히 금지되면서 한글 문맹이 더 늘고, 그 결과로 1945년 광복 직후의 조선인의 문맹률은 78%에 달했다.(1947년 미 군정청 조사 결과) 이러한 통계로 볼 때 당시 제주인들은 공산주의가 무엇인지 민주주의가 무엇인지에 대한 자각이 거의 없었던 순진한 사람들이었다는 것이다.

하지만 언제까지나 과거에 발 묶여 살아갈 수는 없는 일이다. 어둠이 가면 다시 새벽이 밝아오는 것처럼 더 이상 제주를 어둠의 땅으로 묶어둘 수는 없다는 것은 시인만의 인식은 아닐 것이다. 그래서 기도하는 마음으로 현실을 바라본다.

스님은
나를 보며
( ) 밖 사람 같다기에
날마다 관음정사 찾아가 부처님께
부처님 손 안에 들기를 기도하며 절한다

어느 날

노스님은
내 괄호 안을 보시는지
'어둠이 스며드니 (   )밖 세상을 보라'며
그 또한 (   ) 안 세상이 청명한지 거듭 묻네
—「괄호 안 인생」 전문

시인의 간절한 소망은 괄호 안에 들기를 소망한다. 동시에 괄호는 간절한 기원의 손 모음인 합장의 의미를 지니고 있다. 하지만 괄호 안과 밖이 둘이 아님을 부처는 가르친다. 절 입구에 불이문(不二門)이 서 있는 까닭이 그것이란다. 극락과 지옥이 둘이 아니고, 이승과 저승이 둘이 아니며, 생(生)과 사(死)가 둘이 아니라는 가르침이다.

이제 다시 봄이다. 이창선 시인은 봄이 가장 먼저 도착하는 서귀포를 노래한다. 서귀포의 봄을 노래한다. 과거의 어둠을 몰아내고 슬픔과 통증을 몰아내고 새로 이른 봄의 서귀포에서 이창선 시인은 미래를 꿈꾼다.

반세기에 사반세기
더 하니 일흔다섯
강물처럼 흐르는
세월이 속절없어
이를 곳 아득하여라
그려보는 종착점

경지에 들었다는
일흔다섯 그 나이가
인생길 황금기라
그 누가 말하는가
여기서 그냥 머물면
고장난 벽시계
—「가는 세월 속 머문 곳」 전문

칠순을 넘은 자신의 나이를 생각하며 종착점이 내다보이는 세월이 속절없음을 생각하면서도 이제는 삶을 관망할 수 있는 경지에 들었음을 인식하고 황금기를 누리리라 생각한다. 그러기에 "고장난 벽시계"처럼 머물 생각이 없다.

이창선 시인이 제주에 천착하는 만큼 시조를 고집하는 것은 글로컬리즘의 시적 실천이라고 할 수 있을 듯하다. 가장 제주적인 것이 가장 세계적인 것이 되는 날을 기다리는 것처럼, 한국의 정형시가 정통성을 확립하여 시조가 세계적인 문학으로 자리매김할 날을 기다린다. 인생의 황금기에 시인이 지어낼 시세계가 더욱 궁금해진다.